LETTRE

DES

NÈGRES FRANÇAIS

AUX

LIBÉRATEURS DE JUILLET.

IMPRIMERIE DE A. BARBIER,
RUE DES MARAIS S.-G., N. 17.

LETTRE

DES

NÈGRES FRANÇAIS

AUX

LIBÉRATEURS DE JUILLET.

PAR UN AVOCAT
A LA COUR ROYALE DE PARIS.

PARIS.

MADAME DE BRÉVILLE, LIBRAIRE,
RUE DE L'ODÉON, N. 32.

※

1831.

Lettre

DES

NÈGRES FRANÇAIS

AUX

LIBÉRATEURS DE JUILLET.

FRÈRES,

Permettez à de malheureux esclaves de joindre leurs félicitations au concert de louanges qui, de toutes les parties du monde, vous ont été adressées par les amis de l'humanité. Gloire à vous, courageux amans de la liberté! Vous avez présenté votre poitrine aux balles que suivait la mort, plutôt que de courber la tête sous la verge humiliante, injuste et cruelle du despotisme. Savourez, dans un agréable repos, les doux fruits de votre victoire; ne sentez-vous pas votre sein se gonfler de joie et d'un noble orgueil? Que ce doux sentiment soit long-temps votre récompense; qu'elle ne vous quitte qu'au tombeau! Puissent alors vos épouses, vos enfans, orner de fleurs la demeure dernière des auteurs de leur félicité!

Frères, vous avez dû être étonnés du long silence que nous avons gardé et du peu de sympathie que nous faisons paraître pour la noble cause que vous avez gagnée. Déposez toute impression défavorable, gardez-vous de nous juger sur les apparences; mais, au contraire, écoutez-nous, et nous serons pleinement justifiés. Nous sommes restés long-temps dans l'ignorance de vos succès, car, et vous le devinez sans doute, nos maîtres ne prennent pas la peine de nous abonner au *National,* au *Courrier* ni même à la *Gazette.* Enfin, depuis que nous les connaissons, il nous a été difficile de trouver ici quelqu'un qui voulût, gratis, se charger de vous adresser nos congratulations et en même temps nos plaintes, mais nous n'en sommes pas moins admirateurs de votre courage, et avides de liberté. Les nègres aussi, à une autre époque, ont combattu pour elle et pour la république; eux aussi, ont préféré la mort à l'esclavage, quand, serrés de toutes parts, il ne leur restait plus que cette voie pour fuir la servitude. Alors on les a vus presser leurs prisonniers blancs de s'éloigner, puis mettre le feu aux poudres et sauter parmi les débris des bâtimens où ils étaient assiégés.

Dès que les grands événemens de juillet nous ont été connus, malgré le soin que nos maîtres avaient pris de nous les cacher, nous avons applaudi aux belles actions de nos frères d'Europe; notre joie que nous ne pouvons plus cacher au fond de notre âme brille sur nos visages; nos bamboulas, nos danses sont l'image d'une vive ivresse, d'un parfait contentement. Cependant nous faisons souvent un triste retour sur nous-mêmes, pour qui rien n'est changé. Le bruit du fouet nous éveille comme par le passé, et semble nous annoncer les souffrances de la journée. Heureux celui dont les forces ne s'épuiseront pas avant la fin du jour! Peut-être échappera-t-il au châtiment, si la brutalité du conducteur lui tient compte de ses efforts. Mais si quelque accident vient exciter la mauvaise humeur du maître ou du commandeur, en vain l'esclave montrerait un visage sur lequel ruisselle la sueur, qu'il s'apprête à souffrir, car les colliers de fer à trois piques, ni les chaînes n'ont été brisés en juillet. Le soir, les membres attachés à quatre piquets, la face contre terre, il se sentira tailler sans que ses hurlemens puissent adoucir son bourreau, ni mettre fin à son supplice. Et savez-vous bien ce que c'est que tailler, c'est couper les reins à coups de fouet, enlever vingt, trente lambeaux de chair.

Le soir, de tous côtés, dans la campagne, on entend claquer le fouet des commandeurs; et le jour, il n'est pas rare de voir des malheureux dont les pieds sont écorchés par la chaîne malgré le soin qu'ils ont eu de l'entourer de vieux linge et de la tenir, autant que possible, suspendue à l'aide de quelque cordon *.

* Je m'attends bien à entendre les colons crier à la déclamation : ils diront que j'ai ramassé avec soin, pour

Si encore nos souffances se bornaient toujours à ces cruels châtimens, nous n'aurions
pas tant à nous plaindre; puisqu'ils sont auto-
risés par les lois , lois iniques , il est vrai,

les accuser, quelques sévices isolés dont on raconte les
détails. Mais je ne dis pas : on m'a conté; je dis : j'ai vu.

J'ai vu des milliers de nègres dont les épaules offrent
à tous les regards les cicatrices des coups de fouet qu'ils
ont reçus. J'ai vu une femme , le visage meurtri, san-
glant, défigurée par les coups de bâton qu'elle avait
reçus de sa maîtresse; j'ai vu , chez un boulanger de
la Basse-Terre , un enfant dont les épaules étaient sil-
lonnées des traces sanglantes de plus de vingt coups de
fouet ;

J'ai vu une petite fille mêlant ses cris au bruit des
coups, implorer la pitié de son maître, en lui rappelant
qu'elle était malade ;

J'ai vu long-temps passer sous mes croisées un enfant, les fers aux pieds, se traînant lentement, et pouvant à peine mettre les pieds un peu l'un devant l'autre ;

J'ai vu des colliers de fer ;

J'ai vu plus, j'ai vu des actes authentiques qui consta-
tent des barbaries épouvantables, et un sentiment de
tristesse est venu voiler pour moi l'éclat radieux du
ciel , et la beauté des paysages de ces contrées lointaines.

faites par nos bourreaux pour nous frapper avec les apparences de la justice, et que nous respecterons cependant jusqu'à ce que nos concitoyens d'Europe nous en aient délivrés *. Mais ces traitemens cruels sont souvent les moindres de nos maux; car les lois qui ont

* Les lois coloniales laissent à l'arbitraire du maître la punition des fautes légères de ses esclaves, pourvu qu'elle n'excède pas vingt-neuf coups de fouet. Il peut aussi, sans en énoncer les motifs, les envoyer à la chaîne, c'est-à-dire aux galères, ou les enchaîner chez lui.

Cet arbitraire est déplorable en ce qu'il met souvent l'esclave dans l'impossibilité de fuir le châtiment. Une femme, par exemple, s'exposerait en repoussant les désirs de son maître, et si elle cède, elle s'expose aux vengeances de sa maîtresse.

Une femme de couleur s'étant mariée, voulait à tout prix acheter une esclave qui avait été la maîtresse de son maître, heureusement ses maîtres ne voulurent pas la vendre. Cette femme en conçut un véritable chagrin; elle aurait eu du plaisir, disait-elle, à la faire souffrir dans ce qui avait possédé son mari. Je m'arrête avec la crainte d'en avoir déjà trop dit.

Et qu'on ne croie pas que le cas que j'ai pris pour exemple soit très-rare. Les mœurs, aux colonies, sont si dissolues que, sans la grande tolérance des femmes, il se produirait tous les jours en mille endroits différens.

déterminé les châtimens qui nous peuvent être infligés, nous laissent d'ailleurs à la merci de nos maîtres. Loin de tous secours, comment plusieurs d'entre nous ne périraient-ils pas dans les tourmens, quand leurs cris plaintifs ne peuvent être entendus que de leurs persécuteurs et des faibles compagnons de leurs infortunes? Nous ne voulons pas vous rappeler d'anciens crimes, quelque nombreux qu'ils soient. Mais que direz-vous d'un tonnelier de la Pointe-à-Pitre qui, pour châtier un nègre fugitif, résolut de lui infliger une punition à la manière anglaise? Le malheureux, les bras passés entre les jambes, les mains liées derrière lui à un poteau profondément enfoncé dans la terre, ne présentant ainsi que la partie de son corps sur laquelle devaient tomber les coups, se sentait enlever des lambeaux de chair sans pouvoir mourir, sans espérer que la fatigue mettrait fin à son supplice, car la terrible rigoise passait de main en main pour éterniser ses souffrances. Que direz-vous en apprenant qu'après cette sanglante exécution l'esclave fut envoyé à la chaîne, c'est-à-dire aux galères? que direz-vous enfin quand vous saurez que l'état de désorganisation de ce corps lacéré n'ayant pas permis aux médecins de constater qu'il avait reçu plus de vingt-neuf coups, le maître a été à l'abri de toutes poursuites judiciaires? Croiriez-vous que des habitans, pour rendre plus douloureuses les lacérations du fouet, y font verser du sel? Pourrez-vous apprendre sans frémir que des maîtres y ont fait brûler de la poudre? Vos cheveux ne se dresseront-ils pas sur la tête, quand nous vous dirons : à Marie-Galante, un esclave s'était absenté de la maison de son maître pendant plusieurs jours*; à son retour, ce dernier lui fit frotter les paupières avec du piment, on l'attacha à quatre piquets ; mais son supplice ne devait pas se borner à de simples coups de fouet, lui aussi était réservé à d'autres douleurs! Bientôt on apporta du feu, de la poudre, et de longues traces de flamme parcoururent ses

---

* Une ancienne loi punissait les esclaves fugitifs du fouet pour la première fois, d'une empreinte avec un fer brûlant et du jarret coupé pour la seconde, et enfin de mort pour la troisième. Peu avant la révolution, cette dernière peine fut commuée en celle des galères à perpétuité.

cuisantes blessures. Il pouvait espérer que là,
du moins, finiraient ces barbaries. Vain espoir! Des tisons ardens étaient prêts, et pour
lui ôter les moyens de fuir, son bourreau lui
brûle l'intérieur des cuisses et des jambes *.

* Ce crime a été poursuivi par la justice ; mais les
habitans de Marie-Galante ont soustrait le coupable à
toutes les recherches. Je ne pense pas que les personnes
qui l'ont caché aient approuvé ces excès ; mais ils étaient
persuadés, comme le sont tous les créoles, que la punition des maîtres amènerait l'insubordination des esclaves. Il faut, disent-ils, que les nègres soient con-
vaincus que leur maître a tout droit sur eux; voilà le
seul moyen de les tenir dans la dépendance. C'est, dit-
on, cette funeste idée qui a fait acquitter Sommabert.
Il avait d'abord été condamné à mort par la Cour royale
de la Guadeloupe; mais son pourvoi ayant été admis
par la Cour de cassation, celle de la Martinique, entiè-
rement composée de créoles, à qui l'affaire fut renvoyée,
a déclaré que le crime n'était pas prouvé. Ce Sommabert était accusé d'avoir mis à mort une de ses esclaves.
Le genre de supplice dans lequel elle perdit la vie, semble indiquer que la jalousie était pour quelque chose
dans la résolution du maître : cette malheureuse avait
déjà reçu un si grand nombre de coups de fouet, qu'elle
en avait perdu connaissance. Pour la rappeler à la vie
et à la douleur, il lui fit mettre le feu... la décence ne

Voilà de quelle sorte, jusqu'à présent, nous avons été traités. Nous espérions que, rétablissant la liberté, vous en étendriez les bienfaits sur nous; néanmoins nous attendons encore. Cependant nous ne pouvons douter que nos braves concitoyens dont la sagesse égale le courage, n'aient profité de leur victoire pour détruire la racine du mal. Nous sommes persuadés qu'après avoir purgé le sol de la patrie de tous les monstres qui l'ont rougi du sang de ses enfans, et avoir chassé tous ceux qui ont participé au crime, vous vous êtes assemblés solennellement pour poser les bases du contrat social; aussi nous sommes étonnés de ne pas avoir été appelés par vous à cette grande délibération. Au reste, nous nous unissons tous à vous pour ne faire qu'une volonté, qu'une souveraineté; mais nous attendons en retour, de la volonté générale, aide et protection. Tous

me permet pas d'achever. Enfin, les exécuteurs de cet arrêt barbare la transportèrent dans le moulin : le fouet siffle de nouveau, et ce monstre s'acharnait sur le cadavre long-temps encore après qu'elle eut cessé d'être.

nous sommes nés libres. Nous consentons à ne faire usage de notre liberté que d'un commun accord avec nos concitoyens; nous nous engageons à respecter et à unir nos efforts pour faire respecter la liberté de chacun des membres de la société; mais nous pensons que chacun d'eux respectera et s'unira à nous pour faire respecter la nôtre. Nous attendons impatiemment, avec la proclamation de notre liberté, l'ouverture des listes destinées à constater le vœu général relativement à la forme du gouvernement et aux hommes dont il convient de le former, si cela n'est déjà fait.

A ce sujet, il faut que nous vous fassions part d'un bruit qui court ici. On prétend qu'à l'exception de l'ancienne famille royale et de quelques autres individus, rien n'a été changé en France, que c'est toujours mêmes doctrines, même système de gouvernement et mêmes hommes; on dit que tous les anciens fonctionnaires sont conservés, même ceux qui se sont constamment opposés à toute amélioration à notre sort; on dit que l'un de ces fonctionnaires parlant dans les bureaux de donner, pour obtenir un autre emploi, des attestations de son civisme, il lui a été répondu : Oh! ce n'est plus nécessaire.

Voilà ce qu'on nous dit; mais nous ne faisons qu'en rire. Nous avons trop confiance en votre prudence, en vos lumières pour ajouter foi à de pareilles absurdités, et vous accuser d'une faute que nous, ignorans, n'aurions pas faite, pas plus que nos frères de Saint-Domingue.

Quoi qu'il en soit, nous le répétons, pour nous rien n'est changé, aucun adoucissement à notre sort n'a été apporté. Les hommes de couleur libres ont seuls obtenu quelque chose et réclament encore pour eux. Mais nous, tout le monde nous oublie; pour nous aucune voix amie ne s'est fait entendre. Ne devait-on pas cependant soulager de grandes infortunes avant que de s'occuper d'intérêts mercantiles et des misérables plaintes poussées par la vanité? Les hommes de couleur libres, en même temps qu'ils demandaient d'être élevés au niveau de la classe blanche, ne devaient-ils pas demander que nous fussions élevés jusqu'à eux? O descendans des Africains, nos communs ancêtres, soyez justes avant d'invoquer la justice ! Vous êtes libres et plusieurs d'entre nous sont vos esclaves ; vous êtes riches et vous vous emparez des fruits du travail de vos semblables; vous êtes heureux et vous nous faites périr sous le faix des travaux et les coups de bâton *; vous réclamez l'égalité et nous couvrez de vos mépris. Ah ! cessez d'invoquer la justice, elle vous condamnerait. Si le système colonial doit être maintenu , si nous devons nous traîner péniblement dans une atmosphère de douleur, cessez de vous plaindre. Qu'importe qu'on ne vous appelle ni monsieur ni madame** ? Les cris aigus , les gémissemens de

* Les créoles blancs accusent les hommes de couleur d'être plus cruels qu'eux. Pour être juste, je dirai qu'ils le sont autant. La première exécution domestique dont mes oreilles aient été blessées, était faite par un homme de couleur. J'étais au second étage de la maison, et à cette distance, le bruit des coups, les cris du patient faisaient frissonner. Un de mes amis plus fort que moi en fut témoin. Chaque coup faisait bondir le malheureux, et lui arrachait un cri rauque et sourd qui faisait trembler.

** Cette prohibition vient d'être abolie, ainsi que les incapacités civiles des gens de couleur, en vertu d'or-

2

vos esclaves empêchent que les termes mépri-
sans dont vous êtes l'objet, ne soient entendus. Qu'importe que vous ne succédiez pas
aux hommes d'une classe plus relevée que la
vôtre? vous succédez aux biens que vos nègres
font naître dans vos champs en les arrosant de
sueur; vous vous plaignez de ne recevoir des
blancs aucun don! Qu'importe, puisque vous
volez au nègre esclave les fruits de son travail
qui n'appartiennent qu'à lui, et les fruits de la
terre que la divinité donne à tous. Cessez enfin
d'aspirer à de hauts emplois, si vous voulez nous
garder dans la servitude; cessez de réclamer
des droits politiques, si vous nous refusez ceux
de l'homme.

Mais ces reproches, que nous pouvons à si
juste titre adresser à ceux d'entre nous qui
jouissent de la liberté, seraient inutiles; un
sordide intérêt empêchera toujours qu'ils ne
soient entendus. Nos frères d'Europe seuls pourraient nous écouter, eux qui ont accueilli les
plaintes des hommes de couleur libres. Mais qui

donnances et non par une loi. C'est un fâcheux précé-
dent; il est à craindre que, malgré la Charte de 1830, le
système colonial ne se maintienne.

leur fera connaître notre détresse? Les libres ont de l'or pour acheter des discours, pour payer des mémoires éloquens; nous ne possédons rien. Cependant nous ne perdons pas l'espérance; si cette lettre arrive sous les yeux des hommes généreux qui ont reconquis la liberté de la mère-patrie, nous sommes bien assurés que leur grande influence nous fera obtenir tout ce que nous demandons. Nous avons même la certitude que nous n'aurions pas eu besoin de réclamer nos droits, droits naturels, droits sacrés et imprescriptibles, si notre situation n'eût été ignorée d'eux. Notre premier devoir est donc de donner connaissance de notre état à nos braves concitoyens, que dans nos rêves d'indépendance nous nous plaisons à nommer nos libérateurs.

Peu d'entre nous sont nés dans les colonies. Presque tous, nous avons été arrachés violemment des lieux qui nous ont vus naître, soit que nous ayons été enlevés au milieu du sac et de l'incendie de nos villages, soit que nous ayons été vendus par nos princes ou par nos ennemis qui ne manquent pas de faire la guerre dans l'espoir de faire des prisonniers qui les mettent à même d'assouvir leur cupidité. Mais quels que soient les lieux où nous sommes nés, quelle que soit l'origine de notre esclavage, nous n'y sommes réduits que par un crime. La nature, qui nous a donné à tous la faculté de pourvoir à nos besoins et de fuir nos oppresseurs ou de nous défendre contre leurs entreprises, nous a par-là même créés indépendans. Il n'appartient à aucun de nos semblables de nous priver d'un bien que nous tenons de la divinité. Nos maîtres nous ont-ils donc donné l'existence pour s'arroger sur nous un droit de propriété? En vain, ils viennent argumenter de l'achat qu'ils ont fait de nous ou de nos pères. Leurs vendeurs n'ont pu leur transmettre des droits qu'ils n'avaient pas eux-mêmes; et si aujourd'hui ils éprouvent un préjudice, ils ne peuvent l'imputer qu'à l'imprudence et à l'immoralité de leurs propres actes. Nous réclamons donc tous la liberté, parce qu'elle nous appartient par droit de nature, et que personne n'a pu valablement nous l'ôter. Mais nous craignons bien que vous ne vous laissiez égarer par les mensonges de ceux qui sont intéressés à vous déguiser la

vérité *. Ah ! fermez l'oreille au langage douce-
reux, hypocrite des colons ; ils vous persua-

* Les colons abondent en sophismes pour prouver la
nécessité de maintenir le régime colonial qu'ils ont établi. Il serait trop long de les énumérer tous. En voici
pourtant quelques-uns :|

La France ne peut se passer de colonies puisqu'elle
a besoin de débouchés pour ses marchandises, puisqu'elle
a besoin de marine et par conséquent de ports de relâ-
che dans des contrées lointaines, puisque, enfin, elle a
besoin d'occuper une marine marchande assez nombreuse pour remplir les cadres de la marine militaire en
cas de guerre maritime. Or, disent-ils, les nègres sont
indispensables à l'existence des colonies ; et de là ils dé-
duisent la conséquence qu'il faut favoriser la traite,
puisque la population nègre se détruit sans se reproduire, et mettre le plus d'obstacles possible aux affranchissemens, lesquels ont le double inconvénient de di-
minuer la classe des esclaves et d'augmenter celle des
libres qui se multipliant, eux, dans une progression
effrayante, seront bientôt les maîtres. D'ailleurs, quel
si grand intérêt peuvent inspirer les nègres qui sont
certainement d'une nature inférieure à la nôtre ? ce sont
des brutes dont il faut se servir comme en France des
bêtes de somme ; et puisqu'ils sont gourmands, pares-
seux, il faut les mener à coups de fouet. Ce qui veut
dire : Puisqu'ils mangent trop d'une morue sèche dont

deraient que rien ne peut ajouter à notre félicité, que nous chérissons notre esclavage, que

la puanteur saisit de loin l'odorat, puisqu'ils refusent
de se tuer de travail pour le plus grand profit du maître,
il faut les tuer de coups.

Les colonies, ajoutent-ils, échapperont avant peu à
leur métropole, et d'autant plus tôt qu'on aura négligé
davantage le maintien du système colonial. En effet,
l'accroissement de la classe de couleur a lieu dans une
progression d'autant plus rapide, qu'elle est le résultat
de l'alliance illégitime des blancs et des femmes de couleur, ce qui, en raison de la corruption des mœurs, procure plus d'enfans de couleur que de blancs, et cependant il faut y ajouter encore, et le fruit des alliances
des gens de couleur entre eux, et les affranchissemens.
Il arrivera donc que cette classe, devenant trop nombreuse pour être contenue, force sera de lui abandonner le pouvoir.

Tous les raisonnemens, employés par les colons pour
la défense de leur système, sont faciles à réfuter. Eux-
mêmes, par l'inconséquence et les contradictions sans
nombre de tous leurs discours, en détruisent la majeure
partie. Ils vantent le bonheur des nègres et se plaignent
de la dépopulation ; ils exaltent la douceur avec laquelle ils les régissent, et assurent qu'ils n'en peuvent
rien tirer que par le châtiment ; ils les considèrent avec
mépris comme une classe naturellement stupide, et

nous rendre libres, c'est nous ravir le bonheur.

s'opposent de toutes leurs forces à l'instruction des libres. Ce n'est pas tout, alléguer que les colonies ne
peuvent être cultivées que par des esclaves, c'est ériger
en principe ce qui est à prouver. Je suis convaincu qu'à
Bourbon, à la Guadeloupe, les hauteurs pourraient être
cultivées par des Européens. Là règne un printemps per-
pétuel, là point de ces chaleurs étouffantes comme en
France dans l'été, le mois de mai y dure toujours. On
pourrait donc faire concession de cette grande étendue
de terres incultes, qui, faute d'avoir été défrichées, sont
rentrées dans le domaine de l'état, à des paysans pauvres que l'on retirerait ainsi de la misère. Mais voudrez-
vous, dira-t-on, exposer ces malheureux aux dangers
d'un acclimatement? Ce ne sont pas les suites de cet
acclimatement que l'on craint, car dans un pays aujour-
d'hui parfaitement cultivé, et surtout dans les lieux
élevés, il n'y a plus de maladies à craindre. Ce que
l'on redoute c'est de montrer aux nègres des blancs
travaillant de leurs mains. Mais si ces colonies doivent
être cultivées exclusivement par les nègres, pourquoi
ne seraient-ils pas libres? Je sais qu'à l'imitation des
blancs, les hommes libres regardent les travaux de la
campagne comme une occupation servile, je sais qu'on
me citera Saint-Domingue; mais, moi, je citerai la
Guadeloupe où la liberté générale fut proclamée par

'Hommes inconséquens! pourquoi donc ces lois qui punissent de mort les nègres qui s'évadent? * Pourquoi ces chasses aux nègres où vous faites montre d'une adresse cruelle à tuer vos semblables? ** Pourquoi ces précautions

Victor Hugues, et où, malgré la guerre, les habitations n'en étaient pas moins cultivées. Les nègres travaillaient et partageaient avec le maître. Au reste, je suis loin de conseiller un mode d'émancipation aussi abrupte : il faut que les peuples mûrissent pour la liberté, il faut que l'instruction les en rende dignes. Les grands caractères que la révolution a développés aux colonies, le grand nombre d'officiers supérieurs sortis de la classe des affranchis, sont une preuve que les nègres sont susceptibles de profiter de celle qu'on tentera de leur donner.

* *V.* l'édit de mars 1685. — Ordonnance du premier février 1743. — Ordonnance du premier mars 1768.

** Il est des individus qui vont à cette chasse comme à une partie de plaisir, et qui vantent leur adresse à ce cruel passe-temps. Un habitant du Petit-Bourg s'est acquis ainsi une réputation d'habileté. On cite avec complaisance le fait suivant : Un jour de chasse, plusieurs habitans surprirent un camp de nègres marrons. Les fugitifs leur criaient de ne leur point faire de mal. Mais les chasseurs avançant toujours, firent tout d'un coup une décharge, ceux qui n'en furent pas atteints.

plus cruelles encore pour nous empêcher d'al-
ler au sein de la mort chercher la fin de nos

s'enfuirent à travers les rochers, les broussailles. L'un
d'eux s'élança dans un ravin profond, déjà l'on ne lui
voyait plus que la tête; mais notre héros l'a suivi de
l'œil, il l'ajuste et le tue.

Qu'on ne croie pas que l'intérêt des maîtres fasse un
devoir d'épargner la vie des esclaves fugitifs; des lois
atroces leur assurent le remboursement de ceux qui
sont tués. On peut lire dans la gazette officielle de la
Guadeloupe, du 25 octobre 1817.

DE PAR LE ROI,

*Ordonnance concernant les primes pour arrestation de
nègres marrons.*

Nous, en vertu des pouvoirs qui nous sont confiés
par sa majesté, avons ordonné et ordonnons ce qui
suit :

Art. Iᵉʳ.

La prise des nègres marrons qui seront arrêtés dans
les bois, par suite des chasses qui auront été ordonnées,
sera payée 72 fr... etc.

Art. IV.

Le nègre tué en marronnage sera payé sur la caisse
des nègres justiciés, 1000 fr.... etc.

Voyez Code de la Martinique, t. Iᵉʳ, p. 49, 401, 467;
t. II, p. 564; t. III, p. 145, 368, 669; t. IV, p. 256.

misères? Une croyance consolatrice nous dit qu'après le trépas nous retournons aux champs de nos pères habiter les cabanes, errer dans les bois, témoins de nos premiers jeux, de nos premières amours; que là, mêlés aux parens, aux amis qui nous étaient chers, nous oublierons nos maux et jusqu'à nos oppresseurs; mais ce riant espoir nous a-t-il fait abandonner la vie, vous nous mettez en pièces, vous nous déchirez par lambeaux comme des bêtes féroces, et vous dites à ceux qui restent : « En vain vous espérez revoir votre patrie. Pensez-vous y retourner sans yeux pour voir, sans mains pour ramer, sans pieds pour marcher? non. Eh bien! tous ceux qui se feront mourir auront les yeux crevés, la tête coupée, les bras arrachés, les jambes rompues. » Et les pauvres nègres n'ont plus aucun refuge, pas même dans la mort *.

---

* Pendant mon séjour à la Basse-Terre, une scène de ce genre a eu lieu dans une habitation située au-dessus du Matouba. Un nègre de cette habitation s'était pendu. Le maître qui avait quelque sujet de craindre que d'autres n'en fissent autant, résolut de faire un

Mais voyons ce que vous direz à nos conci- toyens qui sont en Europe pour légitimer la violence qui nous a rendus vos esclaves. Il nous semble vous entendre prenant un langage af- fectueux, vanter votre tendre sollicitude pour vos nègres. Combien ils sont heureux de vivre paisiblement dans nos colonies, loin de ces peuplades barbares qui sont toujours en guerre! Là, point de repos, point de paix ni au-dedans ni au-dehors. A tout moment ils pouvaient périr victimes de la cruauté de leur chef ou être surpris, égorgés, brûlés, massacrés dans leur village. Prisonniers, leur sort n'aurait pas été meilleur. Car, en Afrique, le caprice du maître est l'arbitre de la vie ou de la mort des esclaves. Là, s'ils n'en trouvent le débit, les vainqueurs tuent leurs prisonniers pour se

exemple. Le Procureur du roi étant venu dresser procès- verbal de l'état du cadavre, le colon y fit assister son atelier. Tous étaient silencieux ; mais quand les forma- lités de la justice furent achevées, qu'ils virent, par ordre du maître, dépecer le cadavre et le mettre en morceaux, ce ne fut plus que cris et lamentations où dominaient ces mots : Ah ! maît', pas fait ça, ça pas bel, maît', pas fait ça.

décharger du soin de les nourrir, ou les immo-
lent à leurs dieux ou les mangent. Hommes de
mauvaise foi! vous aussi, pouvez être dévorés
par les tigres ou par des cannibales. Serait-ce
donc pour nous une raison de vous réduire à
la triste condition d'esclave? Cessez donc de
vous autoriser des crimes d'autrui pour justi-
fier les vôtres. D'ailleurs, cessez de porter aux
nègres de la poudre et des armes; ils n'auront
plus que de faibles moyens de s'entre-détruire.
Cessez de les exciter au meurtre, au brigan-
dage par l'appât de vos richesses, et pour eux
reviendront le calme et le bonheur. Mais, di-
tes-vous, les nègres ne sont-ils pas heureux,
et plus heureux que les paysans en Europe?
Ceux-ci, obligés de gagner péniblement leur
vie et celle de leur famille, sont en proie aux
soucis, ils sont en butte à la douleur de voir
leurs enfans périr peut-être de faim et de misère, ils sont exposés à toutes sortes de maladies sans avoir bien souvent les moyens de se
procurer aucun secours; mais pour le nègre
une providence bienfaisante veille sans cesse.
Son maître n'ayant, dans ses biens, rien de plus
précieux que ses esclaves, est intéressé à leur

conservation : aussi prend-il soin de les nourrir sainement, de les loger, d'élever leur famille; il veille à ce qu'ils ne soient pas épuisés
de fatigue par des travaux trop pénibles, ou
mis en péril par leurs propres excès; dans
leurs maladies il leur procure tous les secours
de l'art, les conseils du médecin, les remèdes
que réclame leur état. Oui, nos maîtres nous
traitent au gré de leur ignorant caprice ou
nous donnent un médecin, comme à leurs che-
vaux un vétérinaire, quand nous sommes ma-
lades et que nous valons la peine d'être conservés. Mais si la vanité leur suggère de passer
pour bons administrateurs, ils nous accablent
de travaux et disent avec orgueil qu'avec
peu de nègres ils ont fait cent milliers de su-
cre. Oui, nos maîtres sont intéressés à notre
conservation : aussi tant qu'ils sont de sang-
froid, ils nous font souffrir sans nous mutiler;
mais dans un accès de colère ils nous feront
périr dans les tourmens comme ils briseraient
un vase précieux ou un service de porcelaine.
Si la mansuétude des colons est si grande,
pourquoi donc ces lois qui défendent aux maîtres de mutiler leurs esclaves, de les excéder

de coups, de les faire mourir? * Que devons-
nous attendre de cette douceur extrême quand
nous avons vu des habitans mourir de colère
en châtiant leurs esclaves. Qu'on cesse enfin
de vanter les soins que l'on prend de nous : les
familles de paysans, en Europe, croissent et
se multiplient, les nôtres s'éteignent souvent
dès la première ou la seconde génération, et
le sol des colonies cesserait bientôt de porter
des esclaves sans le trafic odieux qui les re-
nouvelle sans cesse depuis deux cents ans **.

* Édit de mars 1685, art. 42, 43.

** « La misère des hommes croît toujours avec leur
dépendance, voilà pourquoi le nègre est dans une situation déplorable. De la liberté naît l'industrie : le
paysan suisse est ingénieux, le serf polonais n'imagine
rien. Cette stupeur de l'âme, plus propre que la philo-
sophie à supporter de grands maux, paraît un bienfait
de la providence. »

(Bernardin-de-Saint-Pierre.)

« Je m'étonne toujours qu'on méconnaisse un signe
aussi simple (d'un bon gouvernement), ou qu'on ait la
mauvaise foi de n'en pas convenir. Quelle est la fin de
l'association politique ? C'est la conservation et la prospérité de ses membres. Et quel est le signe le plus sûr

Mais, hélas! si toutes ces allégations que rien ne justifie; que les faits, que le simple bon sens suffisent à détruire, ne trouvent pas accès auprès de vous, braves concitoyens, on ne manquera pas de dire que l'intérêt de votre commerce, que la sûreté, la prospérité des colonies dépendent du maintien de l'esclavage. Ne les croyez pas, rien n'est plus contraire à la vérité que tout ce qu'ils répètent à ce sujet depuis si long-temps. Quant à nous, il est temps enfin que nous jetions, dans la balance, des considérations qui militent puissamment en faveur de notre liberté.

L'intérêt de la France exige qu'elle se maintienne dans la possession de ses colonies, qui

qu'ils se conservent et prospèrent? C'est leur nombre et leur population. N'allez donc pas chercher ailleurs ce signe si disputé. Toute chose d'ailleurs égale, le gouvernement sous lequel, sans moyens étrangers, sans naturalisations, sans colonies, les citoyens peuplent et se multiplient davantage, est infailliblement le meilleur; celui sous lequel un peuple diminue et dépérit est le pire. Calculateurs, c'est maintenant votre affaire, comptez, mesurez, comparez. »

(Rousseau.)

lui assurent la consommation d'une grande partie de ses produits, qui lui fournissent en retour des denrées que son climat lui refuse, et
qui occupent ainsi sa marine par un commerce
d'autant plus précieux, qu'il ne peut jamais
engendrer aucune rivalité. Toutefois quelque
avantage que la France trouve dans cet échange
de ses produits industriels, il est loin de lui
être aussi profitable qu'il le paraît d'abord et
qu'on a droit de l'espérer. En effet, pour que
les gains entre deux négocians soient égaux,
il faut que, toutes choses d'ailleurs égales, les
ventes soient égales aux achats : or, il est cer-
tain, et les relations commerciales en font foi,
que les valeurs importées en France par les
colons, sont beaucoup plus considérables que
la valeur des marchandises qu'on en exporte
pour les colonies. De là, il faut nécessairement
tirer la conséquence que la France ne tire pas
de son commerce avec ces dernières, toute l'u-
tilité qu'elle en peut attendre; puisqu'en défini-
tive, elle se trouve avoir fait de nombreux achats
sans fournitures équivalentes. * Eh ! doit-on

* Montesquieu a prouvé qu'une nation qui reçoit plus

s'en étonner quand une population nombreuse d'esclaves se voit enlever les fruits de son travail par quelques égoïstes, qui n'ont d'autre but que d'ajouter sans cesse à leurs richesses? Nous sommes nus, et les produits que nous tirons du sol, qui nous devraient mettre à même de nous vêtir, de nous meubler, de nous donner toutes les commodités de la vie, sont enfouis dans les coffres de nos maîtres, sont destinés partie à acheter de nouveaux compagnons de notre misère, partie à s'amasser des trésors toujours perdus pour le commerce qu'ils font avec l'Europe. L'esclavage! Voilà la source principale des malheurs du commerce. Mais aujourd'hui qu'une ère de liberté commence, nous avons la certitude qu'il va prendre un nouvel essor. Proclamez la liberté de

qu'elle n'exporte s'appauvrit, et si la France, au contraire, s'est enrichie, cela est dû, 1° à ce que son commerce n'est pas borné à celui de ses colonies; 2° à ce que des causes étrangères lui redonnent une partie des capitaux qui sans cela lui eussent été enlevés en entier. Le reste devient la proie du commerce étranger, ou se trouve dissipé sans aucune utilité toute les fois que nos colonies passent sous la domination anglaise.

tous, laissez dans l'oubli ces lois somptuaires, filles de l'orgueil de nos oppresseurs *, loin de le gêner, favorisez notre goût pour le luxe; et créez de nouvelles fabriques : le nombre des consommateurs est décuplé. Combien étaient-ils? à peine quelques milliers. Et les esclaves, quel est leur nombre? Un million d'âmes et plus peut-être. Empressez-vous donc de satisfaire nos besoins urgens. Envoyez vos toiles, vos draps, envoyez vos cotons, vos piqués, vos indiennes, vos cristaux, vos vins, vos faïences, il s'agit de vêtir, de meubler, de nourrir plus de six cent mille individus. Et ne demandez pas si nous aurons de quoi vous payer : c'est nous qui produisons.

Ne croyez pas, citoyens, que là se bornent les avantages qui sont liés à notre émancipation : l'intérêt bien entendu est inséparable de la justice; aucune classe d'hommes n'est impunément avilie, et le comble de l'absurdité est de

* *Voyez* les art. 22 et 25 de l'ordonnance de mars 1685, qui ne sont même pas exécutés.

Voyez surtout un règlement local du 4 juin 1720, il tombe en désuétude.

placer les noirs à une telle distance des blancs, qu'ils croient avoir à gagner en devenant leurs ennemis. Qu'on nous accorde les droits dont jouissent les blancs, et nous serons aussi intéressés qu'eux à la conservation des établissemens de la France dans les colonies. Si par vos bienfaits notre bien-être se trouve lié à l'existence de notre patrie, vous ne devez plus avoir que de faibles craintes sur son asservissement à la domination anglaise. Eh! si la raison seule ne démontrait cette vérité, nous aurions pour la prouver l'exemple des temps passés. Comment Victor Hugues aurait-il conservé la Guadeloupe à la république, s'il n'eût trouvé en nous de nombreux auxiliaires? C'est en appelant les nègres à la liberté qu'il est devenu la terreur des Anglais; c'est nous qui, pendant qu'une partie des blancs combattait dans les rangs ennemis, avons arrosé de notre sang l'arbre de la liberté. Et comment ne l'eussions-nous pas fait? N'avionsnous pas prévu dès-lors qu'un gouverneur anglais nous replacerait sous le régime antérieur à 1789? Ce que nous avons fait à cette époque, les hommes de couleur qui, plus heureux que la plupart d'entre nous, n'ont pas été remis en esclavage, l'ont renouvelé en 1810, lors de la reprise de cette colonie, la seule qui restât encore à la France. Pendant que quelques grands propriétaires, par des motifs d'intérêt personnel, intriguaient pour livrer le pays, un bataillon d'hommes de couleur, sous les ordres du brave Levannier, repoussait lui seul les ennemis jusques au rivage, et les eût contraints de rembarquer, s'il eût été convenablement secondé. Le courage, le patriotisme qu'ils ont montré, nous sommes prêts à le reproduire encore ; donnez nous la liberté.

Si contre notre attente et malgré l'évidence de nos droits, les législateurs, en qui nous mettons nos plus chères espérances, doutaient de la possibilité de nous accorder ce que nous demandons, qu'ils considèrent que l'an passé ils ont déclaré libres tous les nègres qui seraient introduits en fraude, et que nous cependant, outre que plusieurs de nous ont de même été faits esclaves en contravention aux lois sur la traite, nous avons plus de droits à leur compassion, puisque nos misères durent depuis plus long - temps; qu'ils considèrent que depuis trop de temps nous sommes en la possession d'un maître, pour que l'on ne puisse présumer que nos travaux ont suffi pour notre rançon. Mais enfin, si une injuste propriété doit être respectée, qu'il nous soit au moins permis de nous racheter en remboursant à notre choix ou le prix pour lequel on nous a vendus, ou notre valeur estimative : car nos maîtres ne peuvent tout au plus être considérés que comme des acquéreurs de bonne foi *. Nous avons l'espoir que cette prière, du moins, ne sera pas repoussée par les philanthropes à qui nous l'adressons. Les peuplades barbares de l'Afrique, les pirates d'Alger, de Tunis, de Maroc ne refusèrent jamais de délivrer leurs prisonniers moyennant une rançon : pouvons-nous donc, sans injure, attendre

---

* Si le possesseur actuel de la chose volée ou perdue l'a achetée dans une foire ou dans un marché, ou dans une vente publique, ou d'un marchand vendant des choses pareilles, le propriétaire originaire ne peut se la faire rendre qu'en remboursant au possesseur le prix qu'elle lui a coûté. (Code civ. 2280.)

moins de l'élite d'une nation en qui tous les sentimens généreux abondent?

Nous présumons bien qu'on ne manquera pas de vous dire qu'une telle loi serait absolument inutile, et que jamais nous n'en pourrions tirer aucun avantage, puisque tout ce que nous pouvons acquérir par notre travail, ou à quelque autre titre que ce soit, appartient à notre maître. Mais oublie-t-on que plusieurs de nous ont des parens qui sont affranchis depuis plus ou moins long-temps? Que les lois le permettent, et ils nous pourront racheter * ou du moins nous avancer une somme suffisante pour nous obtenir la liberté;

---

* Il ne faut pas perdre de vue que pour assurer l'efficacité de ce mode d'émancipation, il est nécessaire d'établir que les maîtres pourront y être contraints après une juste et préalable indemnité ; sans cela les affranchissemens seraient souvent impossibles. C'est ce qui se voit quelquefois quand, au mépris des lois qui le défendent, les maîtres consentent à traiter relativement à la liberté de leurs esclaves. J'ai ouï dire que l'un d'eux ne voulut jamais donner son désistement à moins de 36,000 liv. (environ 18,000 fr.). Son nègre qui était un ouvrier parfait, consentit enfin à s'engager au paie-

nous-mêmes à mesure que nous sortirons d'esclavage, nous nous souviendrons de ceux que nous y aurons laissés, et quant à ceux qui n'ont aucun parent libre, il ne leur sera pas impossible de trouver un homme bienveillant, en lui assurant la restitution de ses avances, en lui promettant même l'éventualité d'un lucre considérable. Plusieurs même pourront traiter directement avec leurs maîtres, relativement à leur mise en liberté : et cela n'a pas été sans exemple, puisque des lois ont été nécessaires.

ment de cette somme, bien sûr de l'amasser en peu d'années.

Pendant mon séjour à la Basse-Terre, une femme vint réclamer du Procureur du roi, son intervention pour contraindre son ancien maître à lui vendre ses deux enfans. Cette malheureuse disait en pleurant : Je lui ai offert tout ce que je possède ; c'est beaucoup plus que des enfans en bas âge ne valent, et cependant il m'a refusée. Il menace même de les vendre à la campagne si je ne lui donne pas le prix qu'il demande. S'il le fait ils mourront ; car ils sont trop faibles pour travailler jamais sur une habitation. Mais il n'était pas au pouvoir du Procureur du roi de forcer un propriétaire à céder sa propriété. Cette pauvre mère s'en alla désespérée.

pour le prohiber, puisque malgré la défense, il n'est pas rare de voir des nègres obtenir ainsi une liberté illégale, il est vrai, mais existante en fait quoique sous toutes les apparences de l'esclavage. D'ailleurs est-il bien vrai que nous ne possédions rien qui n'appartienne à nos maîtres? Viennent-ils donc nous tendre la main toutes les fois que nous parvenons à nous procurer par notre industrie quelques pièces de monnaie? Non, c'est là un principe de droit tellement rigoureux, que chez tous les peuples qui ont eu des esclaves, il a souffert dans la pratique de nombreuses exceptions.

Les Romains, à la législation desquels vous l'avez emprunté, reconnaissaient cependant un pécule propre à leurs esclaves, quand, par exemple, il était le fruit d'économies faites sur ce qu'ils recevaient pour leur nourriture et leur entretien, ou encore lorsqu'il avait été le prix des services rendus à des étrangers dans les courts instans où ils n'étaient pas occupés chez leurs maîtres. Il est vrai qu'ils se virent souvent dépouiller des biens qu'ils avaient ainsi acquis à force de privations et de fatigue;

mais leurs maîtres ne le firent jamais, sans que la honte d'une pareille action ne devînt aussitôt la peine de leur avarice. Au surplus, les esclaves qui craignaient un pareil malheur, ne manquaient pas de déposer leur petit trésor entre des mains où il pût être à l'abri de la rapacité, et l'y laissaient jusqu'à ce qu'il fût assez considérable pour opérer leur affranchissement.

Les mœurs avaient donc adouci, dans Rome, ce que l'exacte logique des jurisconsultes avait introduit de trop rigoureux dans le droit. Les coutumes de la Grèce ne différaient point en cela de celles des Romains, et encore aujourd'hui, il n'est pas rare de voir, dans les provinces soumises au sultan, des esclaves qui font le commerce pour leur compte, et disposent de leurs biens sous la protection de leur maître, qui n'exige d'eux qu'un tribut. Enfin, la nature même de l'esclavage, la seule force des choses, a introduit, dans les colonies françaises, de semblables modifications; et l'on voit quelques exemples de nègres qui finissent par triompher de la tyrannie des lois, et recouvrent à la fin leur liberté. Et que l'on ne croie pas que pour y parvenir, ils n'ont d'obstacles à vaincre que ceux dont se plaignaient les esclaves romains : il appartenait à des légistes chrétiens de se montrer plus durs que les payens, que vous vous vantez cependant d'avoir instruits à l'humanité, à la justice. Les Romains, en effet, trouvant établi dans leurs lois, que le propriétaire de la chose principale avait un droit égal sur tout ce qu' s'y unissait comme accessoire, ont dû en conclure, pour être conséquens, que les droits d'un propriétaire d'esclaves s'étendaient à tout ce que ceux-ci acquéraient; mais le maître étant toujours en droit de renoncer à tout ou partie de sa propriété, pouvait laisser à ses esclaves ce qu'ils acquéraient en dehors de son service, et le plus souvent il ne manquait pas de faire un bon usage de cette faculté. Il pouvait même renoncer à tous ses droits sur leur personne, et par la seule force de sa volonté, les faire libres et citoyens romains. Mais il en est bien autrement à l'égard de la législation moderne dans les colonies. Ces lois inhumaines et inconséquentes vont jusqu'à violer les droits de la propriété, pour mettre l'esclave dans l'impossibilité de recouvrer jamais sa liberté*. Elles ne pouvaient lui retirer la possession de fait, elles lui ont ravi la possession utile. Nous pouvions disposer librement des choses que la tolérance de nos maîtres nous laissait; nous pouvions en leur payant un tribut, ou nous louer avec leur permission, ou exercer un métier, ou faire un petit négoce; nous pouvions même nous racheter; mais des lois odieuses, ne tenant aucun compte des droits du propriétaire, sont venues lui défendre de nous laisser les moyens de travailler à notre délivrance. Toutes les voies qui nous pouvaient conduire à la liberté nous ont été fermées, et dans la crainte que quelques-uns y parvinssent encore malgré tous les obstacles; dans la crainte que nous ne parvenions à nous faire un pécule, ou que nous n'obtenions la liberté comme ré-

---

* *Voyez*, ordonnance des 24 octobre 1713, 15 juin 1736, 5 février 1768, 10 septembre 1789, 15 mars 1803, et l'arrêté pris à la Guadeloupe, le 24 février 1823, qui fixe à 1200 fr. la liberté des femmes de 11 à 24 ans, et à 1000 fr. celle des hommes du même âge, etc.

Voyez encore, arrêté du 7 novembre 1757.

compense de nos services, ou que des parens
ne nous achètent pour nous affranchir , la
législation a réservé au gouvernement seul la
faculté de délivrer des patentes de liberté. Le
propriétaire ne peut émanciper un esclave
qu'il n'en ait obtenu la permission, et le gouvernement ne manque pas de la mettre à un
si haut prix, qu'il faut le plus souvent y renoncer ; et d'ailleurs, il ne faut pas croire
qu'avec une somme énorme on parviendra fa-
cilement à l'obtenir. Heureux l'esclave dont le
maître peut, en raison de sa position sociale,
ou par quelque influence personnelle, se faire
juger digne de cette faveur! Les autres seront
repoussés , sous prétexte que les demandes
d'affranchissement sont trop nombreuses.

Cette législation monstrueuse ne saurait du-
rer. Dès qu'elle aura été connue en France,
elle aura cessé d'être. Nous avons l'intime con-
viction que nos maîtres, recouvrant tous leurs
droits, pourront nous émanciper par la seule
force de leur volonté; que loin d'être réputés
épaves lorsque nos patentes seront irrégulières
ou perdues, nous aurons pour nous une pré-
somption de liberté tant qu'aucun maître ne

viendra nous réclamer *, et qu'enfin, si nous continuons d'être considérés comme des choses, cette fiction sera restreinte, et nous n'aurons

* Un nègre il y a peu de temps, inconnu dans le quartier où il se trouvait, fut soupçonné d'être en fuite. Le commandant de ce quartier donna, en conséquence, ordre de l'arrêter par tous les moyens possibles. Cet esclave ayant remarqué que l'on était à sa poursuite, s'enfuit; et l'un des individus qui le suivaient, ne pouvant l'atteindre, lui tira un coup de fusil qui l'étendit mort. On trouva cependant qu'il était porteur de l'autorisation du maître exigée en pareil cas; mais les magistrats chargés de la poursuite de ce crime, considérant que le commandant du quartier avait donné l'ordre d'arrêter par tous les moyens possibles, pensèrent que le prévenu n'était pas coupable. D'ailleurs, ajoutait l'un d'eux dans son rapport, le meurtrier était en état de légitime défense. En état de légitime défense !.. Et l'instruction prouve que le malheureux nègre était seul, sans armes, et qu'il fuyait ! Voilà de ces malheurs auxquels on devra toujours s'attendre dans les colonies, tant que les créoles ne seront pas privés de l'influence funeste qu'ils exercent dans les bureaux du ministère de la marine, tant que la majeure partie des magistrats sera prise au sein du pays, tant que les Européens enfin auront intérêt à se concilier la bienveillance des colons pour s'épargner des tribulations, ou pour obtenir des faveurs.

plus à envier le sort des criminels qui ont encouru la mort civile; mais comme eux nous jouirons d'une partie des droits attachés à l'humanité *. Nous espérons même plus : la liberté est un droit sacré dont vous voudrez nous faire partager les bienfaits. Et nous, pleins de reconnaissance , nous attendrons impatiemment l'occasion de nous montrer dignes de la sollicitude dont vous nous aurez faits l'objet.

* Veut-on une preuve de cette vérité, que les nègres sont de franches bêtes de somme, la voici : Un nègre avait été battu. Plainte fut portée, et intervint un arrêt de la chambre d'accusation de la Guadeloupe , qui décidait qu'un esclave étant une chose, il n'y avait pas lieu à suivre toutes les fois que le maître ne venait pas prouver que sa propriété avait été détériorée, et comme le nègre n'avait pas été estropié, on renvoya le prévenu de la plainte.